AF321460

S^{T}.-MALO — S^{T}.-SERVAN

APRÈS

LA VISITE DE LEURS MAJESTÉS

SAINT-SERVAN

IMPRIMERIE AMÉDÉE LE BIEN

—

1

Un de nos amis nous aborda, il y a quelque temps,
et depuis le passage de l'Empereur, en nous disant :

— Etait-ce de vous ce mauvais petit livre intitulé :
AVANT LA VISITE DE LEURS MAJESTÉS?

— Hélas! oui, puisque vous me le demandez. Vous
attendiez mieux, dites-vous ; vous êtes trop bon.

— Je n'y ai pas vu de conclusion, pas *de considérants*
(notre ami est du barreau).

— Mais vous attendiez-vous à une œuvre de longue
haleine? Nous en sommes incapable et sommes d'ailleurs persuadé de la maxime de Boileau :

Et consultez souvent votre esprit et vos forces.

De plus nous ne pensons pas qu'il soit nécessaire
d'emprunter le ton magistral pour hasarder quelques
mots sur l'avenir de la localité.

— Mais vous avez pillé ce Monsieur de Bernard que
je ne connais pas du reste, car je ne lis que des œuvres
sérieuses : Sirey et ses commentaires.

— Vous êtes à plaindre de ne connaître ni les *Ailes d'Icare*, ni le *Gentilhomme Campagnard*.

Cet aimable romancier fut copié même de son vivant et de la façon la plus plaisante. Il vivait en bon bourgeois et en bon père de famille aux Batignolles lorsqu'il apprit, par les feuilles d'Ems et de Spa, que l'auteur des romans que nous venons de citer, faisait merveille parmi la Société des Eaux et qu'il était question d'une union prochaine avec une des jolies baigneuses de la saison. — Ch. de Bernard crut devoir prémunir le public contre les déceptions de son Sosie.

Nous pardonnez-vous notre emprunt après cela? Qui du reste vit de son fond ici-bas? Et quant au ton de cette bluette, laissez-nous toujours persuadé de la devise du théâtre Français :

Castigat ridendo mores.

II

Essayons donc de vous paraître plus sérieux que vous ne semblez le penser, en traitant des choses locales.

Et d'abord, disciple de Cujas, soyez convaincu qu'il ne s'y mêlera ni esprit de critique, ni esprit d'ambition. Celle que nous pourrions nourrir serait de retourner aux champs, d'y retrouver une magistrature de village, et faire inscrire au budget communal, la dépense d'un garde-champêtre, au baudrier jaune, et tel que nous le représente Berquin, cet ami de l'enfance.

Si nos idées sont en désaccord avec les projets arrêtés dans les conseils de la ville, personne n'en prendra ombrage, nous en sommes persuadé.

Au lieu de songer comme le lièvre en son gîte, nous écrivons :

L'ennui naquit un jour de l'uniformité.

Et la guerre même a ses avantages chez les animaux comme chez les hommes.

Un vénérable prêtre de nos parents vint un jour à Paris, pour assister à la prise de voile d'une dame de de Saint-Thomas de Villeneuve, que nous connaissons encore aujourd'hui. Il voulut bien nous faire assister à cette imposante cérémonie qui, en dehors des solennités de l'église, s'accomplit avec les formes d'une union mondaine. Après avoir paraphé de notre mieux des registres semblables à ceux de l'état-civil, on insista pour nous retenir à dîner en compagnie du célèbre Jésuite Lefeuvre dont nous venions d'entendre les onctueuses paroles. Nous nous rappelons l'amabilité du saint prêtre.

On servit une carpe, et, fiers que nous étions d'avoir vu celles des bassins de Fontaibleau, qui semblent vivre dans l'immobilité, nous déclarâmes celle qui nous était présentée moins belle.

— Mon jeune ami, nous dit alors le révérend père, vous vous trompez. Celle-ci est une carpe d'eau vive, qui vit toujours en guerre avec le brochet, elle est bien préférable :

Point de bonne carpe sans brochet.

Il faut à tout un aiguillon, et c'est l'image de la vie.

III

Que disait donc ce petit livre que vous traitez d'œuvre légère ? Nous voulons le défendre, dûssions - nous perdre encore une cause.

Nous nous y déclarions l'ennemi juré des murs, et nous le sommes encore aujourd'hui. Malheureusement nos efforts n'ont point fait bélier contre eux, et le Génie militaire conserve sa proie.

Comme défense, ils sont inutiles.

Comme promenade, ils sont abandonnés.

Comme décoration, ils vont être masqués prochainement.

Et cependant ils priveront, éternellement peut-être, la population, du soleil et de la vue de ses affaires;

Et, si l'Empereur eût eu le loisir d'en juger ainsi, leur dernière heure était venue, et les splendides habitations qu'ils ne servent plus qu'à masquer auraient doublé de valeur.

Nous eûmes, il a quelque temps, un instant de satisfaction. On remuait le terre-plein sous les murs de l'ouest, et nous nous dîmes gaiement : on va y adosser des espaliers, le Conseil général aura voté des fonds pour faire professer la taille des arbres, l'arboriculture ne peut que prospérer dans un pays d'enclos. Nous allions revoir notre professeur Dubreuil du Luxembourg et reprendre nos études sur la conduite de la sève, cette science, disait Dubreuil, plus difficile que la direction d'un arrondissement.

Encore une illusion laissée aux buissons du chemin!

On a planté des ormes, ces fiers émules du tilleul aimé de la bonne double bière de mars.

A propos des espaliers, d'Albret conte dans son livre qu'un mousquetaire retiré à Bagnolet, savait se faire six mille livres de rente d'un seul espalier.

La taille des arbres n'est donc point chose futile, puisqu'elle assure des résultats que peu d'occupations procurent à St-Malo.

IV

Nous étions partisan de la réunion des deux villes,

parce qu'un pays de 30,000 âmes compte davantage dans la balance que deux localités, divisées d'intérêt, dût-on faire une péréquation de revenus. Nous pensons qu'une rivalité entre les deux villes est sans valeur. L'administration professe d'ailleurs un esprit d'unité que ne peuvent contrarier des rancunes mutuelles, nées de l'amour local et des dispositions des lieux, qui font souvent que dans un bourg situé sur le penchant d'une colline, le haut est ennemi du bas.

Nous aurions donc voulu voir le Souverain édifié dans ce sens, décider la réunion des deux villes et partir en disant comme le vieillard mourant à ses fils :

Soyez joints mes enfants, que l'amour vous accorde.

Et pourtant la rivalité est demeurée aussi vive et se retrouve dans les décisions municipales et continue à être inoculée aux jeunes générations.

Un collége commun avait été projeté entre les deux villes, et l'instruction y aurait été nécessairement mieux distribuée que dans deux établissements rivaux ; mais il fallait se trouver sur un terrain commun, et la rivalité a triomphé.

D'ailleurs, nous disait-on sérieusement, le sang parlerait dès un âge si tendre et on eût eu des représentations dignes de frères ennemis :

Tout morts qu'ils sont, Madame, ils gardent leur colère.

V

Le chemin de fer aboutissant entre les deux villes, la vie se portera vers ses alentours.

Or, où la circulation se porte il faut la suivre, donnerait-on, disions-nous, une prime pour faire Longchamps à la Place-Royale, à Paris, que personne n'y serait entraîné.

C'est donc contrarier le courant des choses que de tenter une conquête sur la mer dans l'ouest de la ville de Saint-Malo.

De nombreuses années s'écouleront d'ailleurs avant l'achèvement des gigantesques travaux qu'il s'agit d'exécuter pour enceindre le Grand-Bey, et la dépense en pèsera sans doute éternellement sur la ville.

Et les secrets divulgués de l'administration nous ont appris que notre coin de terre serait infailliblement doté de cet agrandissement.

Puisse cette nouvelle être comme le secret d'état dérobé par Paturot à l'intimité du Ministre, son ami. Elle n'aurait en ce cas pour personne les funestes conséquences qui entraînèrent la ruine du héros de Louis Reybaud.

Admis au lever du Ministre, Paturot découvre une dépêche négligemment laissée sur la table de son illustre ami : c'est la guerre. Il court à la Bourse, vend en baisse, mais la hausse le domine, il est ruiné !

La dépêche était apocryphe.

VI

L'arrivée du Souverain était impatiemment attendue à Saint-Malo.

Les mains de l'Empereur se sont ouvertes, et l'Impératrice est allée même au-devant des désirs du clergé.

Saint-Malo bénéficie-t-il d'une confusion dans le don fait par Leurs Majestés, d'un clocher pour l'Eglise? La question est encore pendante.

En tout état de cause, l'erreur n'a pas nui à la restauration de la belle église de Saint-Malo de Dinan, à laquelle le vénérable abbé Chenu a voué son zèle et sa fortune particulière. Ce monument du XIIIme siècle sera achevé dans toute sa pureté.

Que de demandes en ce genre avaient à satisfaire

Leurs Majestés sur leur passage. Chaque paroisse avait adressé sa supplique par la voix de son pasteur.

Nous assistâmes, ce jour-là, au découragement d'un bon curé dont la paroisse ne se trouvait pas sur le passage du Cortége Impérial, qui venait à l'instant de franchir la route vis-à-vis d'un château situé dans le département des Côtes-du-Nord.

Ce bon prêtre, curé d'une paroisse de sept hectares de terre, arrivait tout haletant.

Qu'avez vous donc, M. le curé, lui dit M. de B., ne seriez-vous pas arrivé à temps pour le passage de Leurs Majestés, et aviez-vous quelque demande à leur faire?

Et mon Dieu oui, M. le comte; mais j'avais prévu cette malencontreuse circonstance, et voici ma supplique, obligez-moi seulement de me dire si elle est bien adressée.

Nous aimons toutes les naïvetés depuis celle du grenadier qui appuyait son épée sur la tombe du maréchal de Saxe qu'il croyait aimantée par la valeur, jusqu'à la lettre écrite au BON DIEU(au Ciel) et mise à la poste par un simple enfant. Or, la supplique du bon curé était digne de leur faire suite, elle portait en suscription :

A Madame

L'Impératrice des Français

à son château des Tuileries

(*Seine*)   *Paris*

Le bon curé se retournant vers le comte de B. :

— Pensez-vous qu'elle parvienne ainsi à l'Impératrice ?

M. de B. — Certainement, il suffit de la mettre à la poste, mais il me semble qu'elle n'est point cachetée. Serait-ce alors une indiscrétion que de vous demander à connaitre votre supplique ? Et d'abord je regrette infiniment que vous ne soyez pas arrivé quelques minutes plus tôt, vous auriez pu la remettre vous-même. Le Cortége Impérial s'est arrêté à la Croix, dernière limite de la commune, le vicaire a fait un discours et a reçu 500 fr. pour des bonnes œuvres ; on dit même que le maire a reçu quelque chose aussi.

Nous fûmes donc appelé à voir la lettre, elle était ainsi conçue :

Madame l'Impératrice,

« Les soins à donner à mon troupeau, dans une
« paroisse n'ayant qu'un prêtre (*), m'ont empêché de
« me trouver sur votre passage.

« Mes paroissiens n'en font pas moins des vœux
« bien sincères pour la conservation de l'Empereur et
« du Prince Impérial.

« Vous êtes aussi, Madame, associée à nos prières.

(*) La commune est assise sur 7 hectares et possède 12 foyers.

« Le casuel est malheureusement nul dans ma pa-
« roisse et la commune n'a aucune ressource à son
« budget, et je ne veux, vu cet état de choses, m'a-
« dresser au Maire.

« Pourtant, Madame l'Impératrice, le presbytère
« tombe en ruines, outre que la salle à manger est
« trop petite, il y pleut, et aucun papier n'y tient.

« J'aurais besoin aussi de faire relever une retraite à
« porcs que l'hiver a détruite.

« Pour satisfaire à ces exigences, j'ose demander à
« votre bonté deux mille francs, etc., etc. »

Puis la supplique était signée.

Il y a quelques jours nous rencontrâmes ce bon curé
et lui demandâmes des nouvelles de sa salle à manger.

— Eh bien ! ma prière a été exaucée, venez er juger
par vous-même.

Et nous nous sommes promis une promenade au
Plessis-Balisson.

VII

Mais enfin ? nous dit notre ami.

Attendez, tout vient à point à qui sait attendre. Vous

verrez bientôt jaillir des eaux vives des fontaines ornées
de tritons. Les rues vont s'élargir. Une foule nombreuse
et empressée se promènera sur les trottoirs; vous
verrez fumer les locomotives du chemin de fer; des
flottes de navires se réuniront dans notre vaste port,
seul bassin des deux mers, le Hâvre ayant fait son temps.

Une Bourse somptueuse réunira nos populations
sur le terre-plein des deux villes.

Les échanges y seront nombreux.

Les affaires animeront une population ardente.

— Dieu vous entende, disciple de Cujas, donnez-vous
des soins pour le plaisir d'autrui. Quant à moi, je
reposerai alors, j'en ai la crainte, sous l'if du cimetière
de mon village, et l'herbe des champs croîtra sur ma
tombe.

Mais enfin, j'ai failli trouver la mort l'autre jour à
ce passage difficile qu'on appelle le Pilori.

Quatre chevaux contenaient à peine une charrette
vide; le passage en déclivité est de 1 mètre 60. Heu-
reusement, une borne me garantit de la roue, autre-
ment c'en était fait; j'avais recommandé mon âme à
Dieu.

Nous rencontrâmes un jour le poète Méry vis-à-vis
du pavé en bois dont on avait fait l'essai en face du
théâtre Français. Il était tout tremblant et attendait
une embellie pour traverser. Les voitures se pressaient,
les chevaux glissaient, c'était effrayant.

— Eh bien, Marseillais, lui dîmes-nous, êtes-vous de garde ici?

— Oui, nous répondit-il, mais pour envoyer les morts à la morgue ou les blessés aux hôpitaux.

Louis XV, ce roi galant, décora un jour de la croix de Saint-Louis un bon bourgeois auquel il avait demandé les circonstances particulières de sa vie.

— Sire, lui répondit le bon bourgeois, je n'ai rien fait de bien marquant, j'ai su seulement éviter les voitures depuis vingt ans que je suis dans votre capitale.

Que dirait Louis XV aujourd'hui?

VIII

— Allons, vous antiquerez et vous conterez toujours, nous dit notre ami. Pourtant vous aimez l'administration municipale, sinon toute, au moins son aimable chef.

— C'est vrai, disciple de Cujas; mais de ceci, croyez-le, il ne gardera aucun fiel.

— L'administration fait tous ses efforts, les abords

du château sont dégagés et verdoyants, des écrits en défendent déjà l'approche aux profanes. Il est question d'y créer un marché aux fleurs, des gradins vont être disposés, les verveines y feront voir leurs riantes couleurs et il ne manquera rien à la flore malouine.

Voilà qui va vous accommoder? homme des champs.

— Eh bien oui, disciple de Cujas:

Il faut semer de fleurs le chemin de la vie.
Et les petits cadeaux entretiennent l'amitié.
Que d'antichambres fleuries et odoriférantes!
Eh bien! allons nous y promener.

ALFRED DE LA MORVONNAIS.